बस यूँ ही

~ Embers at Midnight

Medha Tiwari

BookLeaf Publishing
India | USA | UK

Dedication

To my lovely *mom* and my sweetest *dad*, whose endless love, sacrifices, forgiveness and guidance have given me the strength to chase my dreams. Your belief in me has always been my foundation.

My heart smiles every time I think of my sister, Deeds. From our earliest adventures, you've been the best partner-in-crime a sibling could ask for. You're my loudest cheerleader, celebrating even the tiniest sparks of good news, and the safest place I know to share absolutely anything. That little bit of extra age you have, Deeds, just means you've always been there to guide and nudge me along the way. You, my dear Deeds, are such a bright, constant reminder of how lucky I am to have our family, and especially you, in my world. Thank you for being my first best friend, my rock-solid supporter, and the one who always *gets* me. This book wouldn't have its heart without you.

To my best friend *Rishabh*, who means the world to me—thank you for being my unwavering support, my confidant, and the one person who always understands. Your friendship has not only enriched my life but also helped me grow into a better person. There are no words to capture what your presence in my life truly means, but know that I will always be grateful for you, in every way.

And to everyone who has unknowingly or knowingly inspired my writing—whether through words, actions, or simply the way you live your life—you are a part of this journey. This is as much yours as it is mine.

Preface

कागज़ के खाली पन्नों की तरह, इस किताब की हर कविता का कोई तयशुदा अर्थ नहीं है, पर हर पन्ने की तरह इसकी एक कहानी ज़रूर है। अब सब कविताएँ साथ मिलकर एक कहानी कहती हैं या हर कविता की अपनी अलग कहानी है, यह आपकी सोच पर निर्भर करता है, और वैसे भी

कवि अपनी कविता जताता नहीं है,
कविता लिखता ज़रूर है पर समझाता नहीं है।

Acknowledgements

These poems explore the intricate dance of love – the soaring joy and the inevitable ache of loss. Through the highs and lows, my devotion to Krishna has been a constant, a steady light reminding me that love, in its truest form, transcends earthly connections. Even in the falling, I've felt His guiding hand.

Thank you to my amazing family and friends for the real-life love that inspired these verses, sometimes lifting me up and, yes, occasionally breaking my heart (in a poetically useful way!). Your support, in all its forms, has mirrored His boundless care.

To the brave souls who took the time to read early drafts of these deeply personal feelings, your honest insights were invaluable.

And to you, the reader, thank you for picking up this book. I hope these honest emotions resonate with your own experiences of love, in all its forms, perhaps even offering a glimpse of the enduring love that guides us all.

शुरुआत

उस शाम
मैंने उसे
पहली बार देखा।
खामोश , और अपने ख्यालों में गुम
बेचैन पर बेबाक
मैंने उसे पहली बार देखा।
उससे देख कर लगा, मानो
हड़बड़ी में सब बिखरा हुआ
समेत दिया हो किसीने
उलझे धागे जैसे
ज़बरदस्ती सवार दिए हो किसीने
आँखों से सयाना, पर
शब्दों से झूठा था,
मानो वो भी मेरी तरह
उस मोड़ पर कुछ अकेला
कुछ टूटा था
और खबर लेने के बहाने
यूँ रोक तो लिया था मैंने उसे
पर शायद भूल गयी थी
की अंजानो को गम जताया नहीं करते

रोते हैं पर आंसू दिखाया नहीं करते
एक आदमी की चुप्पी
ही तो उसका गुरूर है
वो थका हारा परेशान है
न जाने किस का कसूर है
पूछ लेती हर बात
उस रात उससे
पर मुझे एहसास है
की वो बताएगा नहीं
उस पर हर बीता गुज़रा
यूँ जताएगा नहीं
अंजान शहर में शायद
उसका अपना कोई
बन पाया ही नहीं
शायद ऐसा कोई धोखा
नहीं
जो उसने खाया नहीं ।
शायद आँखों में झाँक कर
समझ लेना चाहिए था
की मेरी ज़रूरत है उसेवो मुक्कमल हर दुआ मेरी
उसके राह की राहत है मुझसे
पर वो मेरा क्यों होगा
इतना खूबसूरत चाँद
अकेला क्यों होगा
वैसे भी
अंजान नहीं है वो
यूँ तो मिले हम पहले कई बार हैं

पर उस शाम
मैंने उसे
पहली बार देखा।

एहसास

कितने दिल दुखाए हैं हमने,
हम नहीं जानते।
बिन बात हर शाम कितना पछताए हैं,
हम नहीं जानते।
ठहर कर देख लोगे सब आँखों से अपनी,
कितनी बार तुम्हें देखकर मुस्कुराए हैं यूँ ही,
हम नहीं जानते।

नहीं हो मेरे

तुम नहीं हो मेरे,
ये मान लिया है।
अब अकेले होंगे सवेरे,
ये मान लिया है।
बेकार है किस्मत की लकीरें,
ये मान लिया है।
और मंज़िल शायद आज भी एक है हमारी,
पर अलग हैं रास्ते तेरे मेरे,
ये मान लिया है।

मंज़र

एक दौर ऐसा आया है ज़िंदगी में,
कि डर सा लग रहा है।
वो ऐसा छाया है ज़िंदगी में,
कि सब बिखर सा गया है।
और मजबूर मैं कुछ यूँ हूँ उसके प्यार में जानी,
कि समेट रही हूँ आज भी टुकड़े मैं,
जो दिल वो कल तोड़ कर गया है।

तुम से पहले

तुम से पहले
मेरा आँखों का काजल फैला बहुत है।
तुम से पहले
मैंने ज़िंदगी में झेला बहुत है।
और तुम आए हो तो कुछ यूँ बदला है जहाँ हमारा
कि तुम्हारी वजह से ये टूटा दिल
आज कल बहला बहुत है।

बस कह दो

आज भी तुम्हारे खत का इंतज़ार है,
वही खत जिसमें तुम्हारे इश्क़ का इज़हार है।
ये पिछली कही सुनी गुज़री सारी बातें बेकार हैं,
तुम कह कर तो देखो,
तुम्हें आज भी मुझसे प्यार है।

अनजान अरमान

कौन हो तुम?
मेरी ज़िंदगी में नए मेहमान हो क्या?
अधूरी कोई दास्तान हो क्या?
जानती नहीं तुम्हें, अनजान हो क्या?
मेरी खामोश ज़िंदगी का अरमान हो क्या?
सितारों वाला आसमान हो क्या?
नूर हूँ मैं तो शाहजहाँ हो क्या?
तुम मेरे कद्रदान हो क्या?

इकरारनामा

छोड़ दिया है तुमने तो,
मैं भी फिर छोड़ दूँ क्या?
जो बनाया था ख़्वाबों का घर हमने,
वो घर भी तोड़ दूँ क्या?
और सुना है तुम्हारा मुख़्तार कोई और है आजकल,
जो आओ आँखें भर कर फिर एक रात तुम,
तो मैं भी मुँह मोड़ लूँ क्या?

अनकहा मंज़र

कल वो मेरे क़रीब आ बैठा था,
उसका होना मेरे नज़दीक कुछ ऐसा था,
अमावस की रात में चमकते तारों जैसा था।
और क्या समझाऊँ क्या हुआ मेरा हश्र,
बस समझ लो,
उस रात हर ख़्वाब मैंने खुली आँखों से देखा था
कल वो मेरे क़रीब आ बैठा था।

शिकायतें ख़त्म

अब तुमसे बात नहीं होगी,
शामें तुम्हारी और मेरी साथ नहीं होंगी।
ज़िक्र होगा शायद आज भी महफ़िलों में तुम्हारा,
पर अब आँखों से तुम्हारे लिए और बरसात नहीं होगी।

अब तुमसे बात नहीं होगी,
तुम्हारी बुरी आदतों पर मेरी तीखी डाँट नहीं होगी।
और फ़िक्र रहेगी मुझे आगे भी तुम्हारी,
पर अब मेरे हक़ में तुम्हारी पढ़ी कोई फ़रियाद नहीं होगी।

अब तुमसे बात नहीं होगी,
रातों को बातें बेहिसाब नहीं होंगी।
और तुम कहते थे ना कि तुमसे मैं प्यार नहीं करती,
जाओ, अब तुम्हारी मोहब्बत भी मुझ पर बर्बाद नहीं होगी।

पहली दस्तक

आज पहली बार इंतिक़ाल से मुलाक़ात हुई,
काफ़ी नई बातें पता चलीं।
एहसास पता चले, ज़रूरतें पता चलीं,
पता चला कि बहुत कुछ मैंने कभी शायद समझा ही नहीं।
मालूम पड़ा कि रिश्ते निभाते किसी को कभी देखा ही नहीं,
सिर्फ़ रिश्तों के बोझ को संभालते देखा है।
प्यार मैंने देखा ही नहीं,
सिर्फ़ बाज़ार में बिकता सस्ता फ़रेब देखा है।
सम्मान क्या होता है, मैंने देखा ही नहीं,
सिर्फ़ अपमान की सीढ़ियों पर लोगों को रोते देखा है।
इंसान मैंने देखा ही नहीं,
सिर्फ़ इंसानियत जताने वाला शैतान देखा है।
इंतिक़ाल से मुलाक़ात हुई तो शायद एहसास हुआ,
कि ज़िंदगी बहुत देखी मैंने,
पर जीना कैसे है,
ये कभी देखा ही नहीं।

बरसात और तुम

प्यार किए अरसा हो गया।
मुलाक़ात किए अरसा हो गया।
कुछ समय निकाल कर बैठो हमारे साथ,
हमें बात किए अरसा हो गया।

शांत नहीं है मौसम आज भी,
बरसात आज भी खामोशी से वैसे ही लड़ती है,
जैसे तुम लड़ते थे मुझसे,
जब मैं जाने की बात किया करती थी।
इक़रार किए अरसा हो गया,
वो याद जिए अरसा हो गया।
कुछ समय निकाल कर बैठो हमारे साथ,
हमें बात किए अरसा हो गया।

एक और सवाल

खा ली थीं कसमें,
देख लिए थे सपने,
पर काँच जैसे
आज फिर
टूट गया वो भी।
माना था जिसे अपना,
हाथ छूट गया वो भी।
और आज फिर वहीं खड़े होकर
एक और सवाल पूछती हूँ तुमसे,
क्या इतना मुश्किल था मुझ पर
विश्वास कर लेना?
तुम भी ठहर जाते,
भूल से दूर चले गए,
तो लौट कर तो आते।
मैंने कह तो दी थी
दिल की हर बात तुमसे,
रो भी तो दी थी
तुम्हारे कंधे पर सिर रखके।
इससे ज़्यादा कैसे बताती
कि तुम्हारी ज़रूरत है मुझे?

इससे ज़्यादा और कैसे जताती
कि तुमसे मोहब्बत है मुझे?
तो आज यूँ अकेले
क्यूँ पाती हूँ खुदको फिर यहीं?
क्या तुम्हारे क़ाबिल बनते बनते
मैं प्यार के लायक़ न रही?
अधूरा अधूरा सा लगता है,
मजबूर और बिखरा सा लगता है।
क्या हाल कर दिया है इस मोहब्बत ने मेरा
कि अब नज़र उठा कर
तुम्हें देखने से डर लगता है।
इससे अच्छा तो नहीं मिले रहते हम,
इससे अच्छा तो अनजान ही ठीक थे तुम।
मैं कुछ पूरी तो होती,
अकेले पर, खुश थोड़ी तो होती।
अब मजबूर हूँ,
तुमसे बहुत दूर हूँ,
पर तुम शायद आज भी वही हो,
शायद इस बार भी सिर्फ़ और सिर्फ़ तुम सही हो।

अनचाही

उन्हें मैं अच्छी नहीं लगती,
नोक झोंक हमारी मीठी खट्टी नहीं लगती।
और रहता है बूँद बूँद का हिसाब जिसके पास,
इस आशिक़ी में मेरी आँखें भीगी नहीं लगतीं।

उन्हें मैं अच्छी नहीं लगती,
बातें मेरी सच्ची नहीं लगतीं।
और थोड़ी बहुत पसंद तो हूँ मैं उन्हें,
पर उन्हें मैं उनकी घर की लक्ष्मी नहीं लगती,
उन्हें मैं अच्छी नहीं लगती।

क़लम का सौदा?

कुछ बेवक़ूफ़ी भरी ग़लतियाँ करते हैं क्या शायर भी?
या इन शब्दों के जाल में मोहब्बत भी फँसी रहती है आपकी?
झगड़े शिकायतें करते हैं क्या शायर भी?
या उसकी तीखी बातों से बुनी शायरियों के लिए महफ़िल सजती है
यारों की?
सब कहते हैं शायर का प्यार मुकम्मल न हो,
तब शायरी को मोहब्बत बेइंतहा मिलती है।
तो अपनी क़लम की मोहब्बत के लिए
अपनी मोहब्बत का सौदा कर लेते हैं क्या शायर भी?

झूठे लफ़्ज़ों का किस्सा

आज दुनिया को एक सच बताऊँ,
तुम्हारे लौट कर आने का क़िस्सा सुनाऊँ।
कैसे हाथ थाम तुमने मेरा माथा चूमा था,
कैसे उस रोज़ कहा तुम्हारा हर लफ़्ज़ झूठा था।
और वैसे तो मैं आज भी तुम्हारी हूँ,
इस जंग-ए-इश्क़ में सिर्फ़ मैं हारी हूँ।
शायद तुम्हारे हाथ लिखी मेरे लिए सिर्फ़ ज़िल्लत थी,
समझ नहीं आता इतनी खुदग़र्ज़ कैसी तुम्हारी मोहब्बत थी।

प्यार की दहलीज़ पर

हम दोस्त हैं,
शरारत से शिकायत तक,
यार से प्यार तक,
तेरी जीत से मेरी हार तक,
हम सिर्फ़ दोस्त हैं।
हम दोस्त हैं,
दिन से रात तक,
ख़याल से मुलाक़ात तक,
हर शै से मात तक,
हम सिर्फ़ दोस्त हैं।
हम दोस्त हैं,
मेरी हाँ से उसकी ना तक,
मुख़्तलिफ़ ग़लती से सज़ा तक,
विरोध से रज़ा तक,
हम सिर्फ़ दोस्त हैं।
हम दोस्त हैं,
सिर्फ़ एक ज़िक्र से पुकार तक,
प्यार से इक़रार तक,
इज़हार से हर तकरार तक,
हम सिर्फ़ दोस्त हैं।

हम दोस्त हैं,
सिर्फ़ और सिर्फ़ दोस्त हैं।

तुम्हारे बाद

कि तुम्हारे बाद
मैंने लिखना छोड़ दिया है।
बिखरी ज़ुल्फ़ें
सँवारना छोड़ दिया है।
और मुस्कुरा लेती हूँ
दोस्तों के साथ अब भी,
बस अब तुम नहीं हो ना,
तो मैंने हँसना छोड़ दिया है।
कि तुम्हारे बाद
मैंने लिखना छोड़ दिया है।
महफ़िलों में अब तुम नहीं हो,
तो दिखना छोड़ दिया है।
और बहुत चीज़ें बदल गई हैं तुम्हारे लिए,
मेरे लिए सिर्फ़ अब मैंने
मोहब्बत के नाम पर
बाज़ारों में बिकना छोड़ दिया है।

केवल मोहब्बत

ख़ुदा से जन्नत नहीं,
केवल मोहब्बत माँगी थी।
उसने तेरे अलावा जहाँ की हर चीज़ नायाब दे दी।
और भूल जाते ज़माने वाले सारे इल्ज़ाम मेरे,
तेरी याद ने फिर मेरे प्याले में शराब दे दी।

क्या तुम रोए थे?

कल रात आँखें जल रही थीं मेरी,
तुम रोए थे क्या?
तुम्हारे जाने के बाद मैं सोई नहीं,
तुम सोए थे क्या?

सबसे ख़ास

न तू सर्दी की धूप है,
न तू गर्मी में छाँव है।
तू बनारस के घाट पर
गंगा में नाव है।
न तू रातों को चाँद सा,
न तू सिंदूर कलकत्ते का।
तू पाक है जैसे
एक तुलसी के पत्ते सा।
न तू हीरे सा नायाब है,
न तू कोई नशा शराब है।
तू मासूम मेरे बचपन का
सबसे सुंदर ख़्वाब है।
न तू कोई ग़ज़ल ख़ास है,
न तू अनंत आकाश है।
तू हर अँधेरी रात की
सुबह का विश्वास है।
तू महादेव की भक्ति है,
तू ओम का सार है।
किताब के आख़िरी पन्ने पर
पहले प्यार का इज़हार है।

क़रीब लोग बहुत हैं मेरे,
पर तू सबसे ख़ास है।
तू बंजर मेरे जीवन में
जैसे बारिश का एहसास है।
तू सबसे अहम कहानी है मेरी,
तुझमें जैसे नशा शराब है।
और मेरे रोते हुए ख़ुदा से पूछे
हर सवाल का तू जवाब है।
तू हक़ीक़त ही है ना,
या तू कोई ख़्वाब है?

दिल की दहलीज़ पर

वो अकेले रहता है अक्सर,
खुल कर मुस्कुराता नहीं है।
चाहे हज़ार जंग हो उसकी ज़िंदगी में,
पर वो मुझपे कभी चिल्लाता नहीं है।
और महसूस तो बहुत कुछ करता है,
पर उसकी दिल की चाहत कभी बताता नहीं है।
वो है तो मेरा ही पर अभी मुझे
अपनाता नहीं है।

क्या ये ना है?

ये रात रौनक बेकार है क्या?
तुम्हारी चुप्पी का मतलब इनकार है क्या?

यार से प्यार तक

तुम्हें छोड़ देती अगर तुम सिर्फ़ यार होते,
पर तुम प्यार बन गए हो।
मेरी छोटी सी दुनिया का
सबसे बड़ा ग़ुमार बन गए हो।
और अगर तुम मेरे होते तो और लिखती तुम पर,
पर तुम अब किसी और बाज़ार के दिलदार बन गए हो।

बताने की आदत, छुपाने की चाहत

तुम अक्सर घबरा जाते हो,
समझाना पड़ता है।
नाराज़ हो तो मनाना पड़ता है,
बिन बात के झगड़ों पर भी
वक़्त गँवाना पड़ता है।
और यूँ तो तुम्हें सब
बताना आदत है मेरी,
बस ये इश्क़ तुमसे छुपाना पड़ता है।

प्यार का इम्तिहान

तू पलट कर आ तो सही,
छोड़ दूँगी हर नाराज़गी।
तू दिल से मना तो सही,
और समझ लूँगी हर इशारा केवल आँखों से तेरी।
तू आ मेरा प्यार आज़मा तो सही।

डर

उसे डर है हम सो न जाएँ,
उसके अलावा किसी और के हो न जाएँ।
अनजान जानता भी नहीं हमें, देखती नहीं उसकी ओर,
क्यूँकि ज़िंदगी भर के लिए उसकी आँखों में खो न जाएँ।

वक़्त का हिसाब

उसे मैं नादान लगती हूँ,
ज़्यादा समय नहीं बीताया साथ
इसलिए अनजान लगती हूँ।
और बातें करते यूँ ही बहुत हैं हम,
कभी मैं उसे उसका जहाँ लगती हूँ,
कभी कभी वक़्त का नुक़सान लगती हूँ।
उसे मैं नादान लगती हूँ।

इन नज़्मों के हमराह, हमने कुछ दूर का सफ़र तय किया। आपने मेरे उन तन्हा लम्हों में झाँका, जहाँ इश्क़ की पहली दस्तक और हिज्र की आख़िरी कसक दोनों ही मौजूद थीं। आपने उन सवालों को भी सुना जो अक्सर मेरे अंदर गूँजते रहे – रिश्तों की नाज़ुक डोरी, एहसासात की गहराई, और उस अटूट बंधन की जुस्तजू जो शायद हर दिल चाहता है।

मुमकिन है कुछ नज़्में आपको गुज़रे लम्हों की याद दिलाएँ, कुछ आने वाले कल की उम्मीद जगाएँ, और कुछ बस उस लम्हे की हक़ीक़त से रूबरू कराएँ जो हम सब मुश्तरका तौर पर महसूस करते हैं – इंसान होने का लम्हा।

जाते-जाते, मैं आपके लिए एक छोटा सा सवाल छोड़ जाती हूँ:
आपके दिल में इन नज़्मों ने कौन सी कहानी बुनी?
राधे राधे

www.ingramcontent.com/pod-product-compliance
Lightning Source LLC
LaVergne TN
LVHW010925200726
843509LV00013B/2076